바람과 별을 노래한 민족 시인

윤동주

새시대 큰인물 **45**

바람과 별을 노래한 민족 시인

윤동주

초판 1쇄 | 2007년 6월 25일

글쓴이 | 이상배
그린이 | 타마
발행인 | 양원석
편집인 | 정석진
편집장 | 최주영
편집책임 | 류지상
마케팅 | 송유근, 성진숙, 김규형
교정·교열 | 최주연
디자인 | 누운아기별

펴낸곳 | 랜덤하우스코리아(주)
주소 | 135-525 서울시 강남구 삼성동 159 오크우드호텔 별관 B2
전화 | 02-3466-8858(내용문의), 3466-8955(구입문의)
등록 | 2004년 1월 15일 제2-3726호

ⓒ 이상배, 2007

ISBN 978-89-5986-383-9 74990
　　　978-89-5986-338-9 74990(세트)

값 8,000원

* 책에 실린 사진은 (주)중앙포토에서 받은 것입니다.
　저작권자와 초상권자를 찾지 못한 일부 사진은 확인되는 대로 허락을 받겠습니다.

바람과 별을 노래한 민족 시인

윤동주

이상배 글 | 타마 그림

주니어랜덤

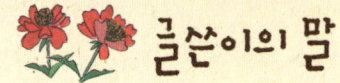 ## 글쓴이의 말

햇살이 되고 별빛이 되고 바람이 된 시인.

시는 곡조 없는 노래입니다. 도레미파솔 곡조는 없지만 시를 읽으면 한 편의 노래를 부르는 것처럼 아름답고, 슬프고, 행복하지요.
곡조도 없이 노래를 만드는 시인은 어떤 사람일까요?
덴마크의 철학자 키르케고르는 시인에 대해 이렇게 말했습니다.
"시인이란, 그 마음속에는 남이 알지 못하는 깊은 고뇌를 감추고 있으면서, 그 탄식과 비명이 아름다운 음악을 연주하면서 흘러나오게 되어 있는 입술을 가지고 있는 불행한 사람이다."
윤동주는 연희전문을 졸업하고 일본으로 유학을 가기 전까지 키르케고르에 빠져 있었습니다. 그래서일까요? 윤동주는 키르케고르의 정의처럼 마음속에 깊은 고뇌를 감추고 그 고뇌와 고통의 비명을 아름다운 시로 표현해 냈습니다.
내성적이고 소극적인 윤동주는 자신의 고통을 겉으로 잘 드러내지 못했습니다. 마음속에 슬픔과 아픔을 담고 혼자서 괴로워하고 아파하고 슬퍼했지요.
그의 아픔은 오직 슬프고도 아름다운 시에 나타날 뿐이었습니다.
일제 치하에 태어나 일본의 감옥에서 죽음을 맞이한 윤동주는 살아 있는 동안 한 번도 제대로 된 자신의 시집을 가져본 적이 없습니다. 시인이란 이름조차 그에게 붙여지지 않았지요.

하지만 지금은 우리나라 사람들이 가장 좋아하고 가장 많이 읊는 시를 지은 시인이 되었습니다. 그는 하늘을 노래하고, 별을 노래하고, 바람을 노래했습니다. 비록 살아서 시인이란 이름은 갖지 못했지만 지금은 햇살처럼, 별빛처럼, 바람처럼 누구의 마음에든 갈 수 있는 시인이 되었습니다. 그의 시가 우리들 마음에 빛나고 있으니까요.

여러분도 햇살을 따라, 별빛을 따라, 바람을 따라 시인 윤동주의 삶 속으로 함께 들어가 보세요.

2007년 이상배

 차례

글쓴이의 말 · 4

원고지에 써 내려간 시인의 꿈 · 9

새로운 삶을 찾아 떠난 길 · 13
- 명동촌의 유래 · 18

시인을 키워 낸 아름다운 고향 · 20
- 기독교 마을, 명동촌 · 26

시인의 꿈이 모락모락 · 28
- 명동학교 · 34

멋쟁이 문학 소년 · 35
- 은진중학교와 영국덕 · 41

눈을 뜨는 민족의식 · 42

처음 맞는 시련 · 48

굽힐 수 없는 시인의 꿈 · 54
- 신사참배 · 61

풍요로운 문학의 바다 · 62
- 연희전문에서의 새로운 시작을 표현한 시, 〈새로운 길〉 · 69

고통에 빠진 젊은 영혼 · 70
■ 조선문인협회와 조선어 학회 · 77

나라 잃은 설움을 참으며 일본으로 · 78

독립을 꿈꾸다 · 84

감옥에서 별이 지다 · 92

민족 시인으로 새롭게 태어나다 · 100

열린 주제 · 104
인물 돋보기 · 106
연대표 · 108

윤동주

원고지에 써 내려간 시인의 꿈

　1941년 12월. 찬바람이 새어 들어오는 하숙방에서 한 청년이 시집을 엮었습니다.
　"졸업 기념으로 내고 싶었던 시집이야."
　함께 하숙 생활을 하고 있는 후배에게 청년이 손수 엮은 시집을 내밀었습니다.
　"시집 제목이 아름답다."
　후배는 시집을 살피며 말했습니다.
　"원래는 병원이라고 지으려 했어."
　"시집 제목을 '병원'이라 지으려 했다고요?"

"응. 지금 세상을 봐. 온통 환자들로 넘쳐 나잖아."

후배는 청년의 말뜻을 알 것 같았습니다. 일본에게 나라를 빼앗기고, 말을 빼앗기고, 정신마저 억압당하는 시대에 아프지 않은 사람이 어디 있겠어요. 청년의 눈에는 2차 세계 대전으로 인해 인간이 인간을 죽이는 세상에 아프지 않은 사람이 없어 보였어요.

"병원은 환자를 치료하는 곳이잖아. 내 시집이 병원이 되어 아픈 우리 민족을 어루만져 주면 좋겠다고 생각했어."

두 사람은 잠시 아무 말도 하지 못했습니다. 억울하고 슬프고, 아픈 민족을 어루만져 줄 병원 같은 곳이 정말 절실하게 필요한 시대였거든요.

"그렇구나! 그런데 왜 병원이라고 짓지 않았어요?"

"이 시를 짓고 나서 생각이 바뀌었어. 고통 받는 우리 민족을 병원에 가두는 것보다 우리 땅에서 하늘과 바람과 별을 보며 아픈 마음을 달래고 위로받는 게 좋을 것 같아서. 그러면 행복해질 것 같아."

청년이 가리킨 시는 시집 제일 앞에 있는 〈서시〉입니다. 시집의 제목 '하늘과 바람과 별과 시'를 만들게 한, 하늘을 우러러 한 점 부끄럼 없이 살기를 바라는 문학청년의 마음이 담긴 시이지요.

〈서시〉

죽는 날까지 하늘을 우러러
한 점 부끄럼이 없기를
잎새에 이는 바람에도
나는 괴로워했다.
별을 노래하는 마음으로
모든 죽어 가는 것을 사랑해야지
그리고 나한테 주어진 길을
걸어가야겠다.

오늘밤에도 별이 바람에 스치운다.

이렇게 한 글자 한 글자 원고지에 손으로 직접 쓴 《하늘과 바람과 별과 시》는 민족 시인 윤동주가 처음으로 가져 본 시집이었습니다.

새로운 삶을 찾아 떠난 길

윤동주의 고향은 북간도 명동촌입니다. 북간도는 지금의 만주 지역을 말합니다. 조선 사람들은 두만강 북쪽을 북간도라 부르고, 압록강 북쪽을 서간도라고 불렀습니다.

동주의 고향이 북간도에 있는 이유는 동주의 증조할아버지 윤재옥이 1886년 아내와 4남 1녀를 데리고 함경북도 종성에서 북간도로 이민을 갔기 때문입니다.

윤재옥이 살고 있던 함경북도 종성군 동풍면 상장포는 비좁고 척박한 농토와 계속된 흉년으로 먹고살기가 무척 힘들었어요. 때문에 기름지고 비옥한 만주로 이민을 간 것입니다.

만주에는 만주족이 살고 있었습니다. 만주족은 명나라를 무너뜨리고 중국을 통일하여 청나라를 세웠어요. 중국을 통일한 청나라는 자신들의 근원인 만주를 신성하게 생각하며 아무도 살지 못하게 보호했습니다. 사람이 살지 않자 만주는 동물이 마음껏 뛰어놀고, 식물이 무성히 자라는 기름지고 비옥한 땅으로 변했습니다.

조선 사람들이 만주를 '간도'라 부른 이유도 이 때문입니다. 사람의 발길이 닿지 않는 만주가 섬 같다고 해서 '강 건너 대륙에 있는 섬'이라는 뜻으로 간도라 부른 것이지요.

좋은 땅은 농부들이 찾기 마련입니다. 만주와 가까운 지역의 조선 사람들은 몰래 들어가 농사를 짓기 시작했습니다. 당시만 해도 만주에 들어가는 것이 들키면 '월강죄'라 하여 사형을 당할 수도 있었어요. 하지만 워낙 농사짓기 힘든 때라 죽을 각오로 몰래 도둑 농사를 지은 것입니다.

조선 사람들 마음속에는 원래 고구려와 발해의 땅이었으니 간도가 조상들의 땅이요 자신들의 땅이라는 생각도 있었습니다.

몰래 도둑 농사를 짓던 조선 사람들이 마음 놓고 만주로 이민을 갈 수 있었던 것은 청나라의 힘이 조금씩 약해지고 있던 1880년대에 들어서였습니다. 청나라가 만주에 사람이 사는 것을 허락한

것입니다. 그때부터 두만강 지역의 조선 사람은 좋은 땅을 찾아 만주로 이민을 가기 시작했습니다.

윤재옥은 이민 초창기에 간도의 자동에서 농사를 짓다가 1900년에 간도의 명동촌으로 이사를 했습니다. 자동에서 열심히 농사를 지어서 명동으로 이사를 왔을 때는 명동에서 제일가는 부자가 되어 있었습니다.

윤재옥 가족들뿐만 아니라 먹고 살기 힘들어 떠났던 많은 조선 사람들이 고구려와 발해의 땅이었던 간도에서 배고픔을 해결하고 풍족하게 살았습니다. 하지만 마음까지 풍요로워진 것은 아니었습니다. 1910년에 대한 제국이 일본에 병합되어 나라를 잃고 말았기 때문입니다. 또 1차 세계 대전으로 인해 전 세계가 전쟁을 치르고 있었어요.

간도로 이민 간 많은 조선 사람들은 콩 농사를 지어 유럽으로 수출했습니다. 유럽에서 일어난 세계 전쟁으로 인해 유럽 사람들이 제대로 농사를 지을 수 없었거든요. 나라 잃은 백성들은 그렇게 살아가고 있었습니다.

윤재옥의 맏아들이자 동주의 할아버지인 윤하현은 아버지의 뒤를 이어 훌륭한 농부로 살았습니다. 비록 배운 것은 없지만 인품이 좋아 마을 사람들로부터 가장 존경을 받는 어른이었어요. 또 교회 장로로서 나라를 떠난 조선 사람들을 하나로 뭉치는 데 힘썼어요.

열한 살 어린 나이에 아버지를 따라 간도에 온 윤하현은 스무 살 때 동주의 아버지 영석을 낳았고 아래로 두 딸 신영과 신진을 낳았습니다.

윤영석은 열심히 농사만 짓던 윤재옥, 윤하현과는 달랐습니다. 중국과 일본으로 유학까지 다녀오는 등 공부를 많이 했지요. 그리고 명동소학교에서 학생들을 가르치기도 했습니다.

책을 좋아하고 시 쓰기를 좋아하는 동주의 모습은 아버지 윤영석을 닮았습니다. 윤영석 또한 어려서부터 시인의 기질이 있어서 생각하는 것과 말하는 것이 남달랐어요.

이처럼 훌륭한 인품의 할아버지와 시인의 기질을 가지고 있는 아버지 밑에서 조선의 시인 윤동주가 태어난 것입니다.

 ## 명동촌의 유래

명동촌은 뜻을 합친 학자 가문들에 의해 생겨났습니다. 간도 이민 초창기인 1899년 2월 18일 두만강 지역 도시인 회령, 종성 등에 거주하던 문병규, 김약연, 남도천, 김하규 네 학자 가문이 한꺼번에 북간도로 이민을 했습니다. 네 학자의 크고 작은 일가들을 모두 합치니 이민단이 141명이나 되었습니다.

네 명의 학자들은 일가친척들과 함께 북간도에서 편히 살 수 있도록 미리 간도에 땅을 사놓았습니다. 바로 '명동촌'이라 불리게 된 지역이었습니다.

서로 돈을 모아 땅을 사고 돈을 낸 비율만큼 땅을 분배했습니다. 또한 학자 가문답게 공동의 부담으로 학전을 만들었습니다. 학전은 '교육전'이라고도 불렸는데, 아이들의 교육 자금을 모으기 위해 만들어 놓은 땅이었습니다. 학자들은 학전에서 나는 수입은 모두 아이들 교육을 위해 쓰기로 약속했습니다.

네 명의 학자들은 북간도로 이민가면서 세 가지 원칙을 세웠습니다.

첫째, 척박하고 비싼 조선 땅을 팔아 기름진 땅을 많이 사서 잘 살아 보자.

둘째, 많은 사람들이 집단으로 들어가서 간도를 우리 땅으로 만들자.

셋째, 기울어 가는 나라의 운명을 바로 세울 인재를 기르자.

이처럼 뚜렷한 목적과 계획을 갖고 이민을 한 네 명의 학자들과 일가들은 서로를 의지하며 계획했던 것들을 하나하나 이루어 갔습니다.

기름진 땅에서 열심히 농사를 지어 풍족하게 살 수 있었고 윤동주를 비롯한 많은 독립 운동가들이 명동촌에서 태어나 자라면서 더욱 유명해졌습니다. 그래서 '동가지팡', '부걸라재'라는 중국 지명으로 불리던 이곳이 '명동촌'으로 불리게 되었습니다.

시인을 키워 낸 아름다운 고향

<u>윤동주는</u> 1917년 12월 30일 아버지 윤영석과 어머니 김용 사이에서 태어났습니다.

1910년에 독립 운동가이자 교육자인 김약연의 누이동생 김용과 결혼한 윤영석은 몇 해 전에 딸을 하나 얻었지만 얼마 살지 못하고 죽는 바람에 자식이 없었습니다. 때문에 동주가 태어나자 집안은 잔치 분위기였어요.

더욱이 윤영석의 여동생 윤신영이 1916년 봄에 명동학교 조선어 교사인 송창희와 결혼하여 석 달 전쯤인 9월 28일에 송몽규를 낳았어요. 한집에서 같이 살고 있던 누이동생은 결혼 일 년 만에 자식을 얻었는데, 자신은 8년이 되어 겨우 자식을 얻었으니 그 기쁨은 이루 말할 수 없었어요.

"여보, '해환'이라는 이름 어떻소?"

윤영석이 갓 태어난 아들의 얼굴을 바라보며 말했습니다.

"해환이요?"

"그렇소. 하늘에 떠 있는 밝은 해와 빛날 환자를 써서 '해환'이라고 부릅시다."

"좋아요. 해처럼 빛나는 해환!"

시적 감수성을 가지고 있던 윤영석은 우리말 해와 한자 환을 더해 동주의 어린 시절 이름을 '해환'이라고 지었습니다.

"아기들 울음소리가 정겹구나!"

석 달 간격으로 외손자와 친손자를 함께 얻은 할아버지 윤하현은 동주와 몽규의 울음소리도, 똥 기저귀도 예쁘게만 보였습니다.

이처럼 한집에서 석 달 간격으로 태어나 어른들의 귀염을 받은 동주와 몽규는 마치 쌍둥이라도 되는 듯 꼭 붙어 다니며 한평생을 함께 하는 친구가 되었습니다.

동주가 태어난 명동촌은 동주에게 시적 감수성을 한껏 키워 준 고향입니다.

경치가 아름답기로 유명한 명동촌은 기독교 마을이었습니다. 때문에 동주와 몽규는 아기 때 유아 세례를 받았습니다.

사방이 산으로 둘러싸여 있고 서북쪽에는 '선바위'라고 불리는 삼형제 바위가 거인처럼 우뚝 솟아 있는 명동촌의 풍경은 참으로 아름다웠습니다.

동주와 몽규, 친구들이 자주 놀러가던 삼형제 바위를 넘으면 우리 조상들의 싸움터였던 산성이 있었습니다.

"이것 봐. 화살촉이야!"

"고구려의 유물일까, 발해의 유물일까?"

"어느 시대의 유물이건 우리 조상의 유물일 거야."

아이들은 종종 창과 화살, 그릇 등의 유물을 찾기도 했습니다.

계절마다 모습을 바꾸는 산과 들은 동주에게 자연의 아름다움을 가르쳐 준 선생님이었습니다.

봄이면 진달래와 나리꽃, 함박꽃, 방울꽃, 할미꽃 등이 앞다투어 피어나고, 강가에는 버들강아지가 숲을 이룹니다. 여름이 되면 산으로 둘러싸인 마을이 온통 푸르게 물들고, 바람결에 나부끼는 나뭇잎이 시원한 부채가 되어 줍니다. 가을이면 울긋불긋 단풍이 들고, 논에는 벼들이 황금빛으로 물들어 동주의 마음까지 알록달록 예뻐지는 것 같았지요.

온 세상이 하얗게 뒤덮이는 겨울이 되면 동주와 친구들은 팽이와 썰매, 스케이트 등을 들고 나와 신나게 얼음판 위를 뛰어놀았습니다.

또한 동주네 집은 굳이 밖에 나가지 않아도 자연의 아름다움을 한껏 느낄 수 있었습니다.

동주네 집은 정남향의 기와집입니다. 집 뒤와 양옆으로 아담한 과수원이 있고, 과수원의 울타리 역할을 하고 있는 뽕나무가 있었습니다. 뽕나무의 열매 오디는 동주에게 맛있는 간식거리가 되어 주었습니다. 뒷문으로 나가면 우물이 있었는데 끝이 보이지 않을 정도로 깊고 물맛 또한 아주 좋았습니다.

 아름다운 풍경 속에서 교회의 종탑 소리를 들으며 보낸 명동촌의 어린 시절은 동주에게 있어 가장 풍요롭고 평화로웠던 기억이었습니다.

 기독교 마을, 명동촌

　명동촌은 대부분의 사람들이 교회에 다닐 정도로 독실한 기독교 마을입니다. 하지만 명동촌이 처음부터 기독교 마을이었던 것은 아니었습니다. 네 명의 학자들이 이민을 올 당시에는 전통적인 유교 마을이었습니다. 그러다 신문학을 전공한 정재면이 명동학교에 부임하면서부터 차츰 기독교 마을로 변해 갔습니다.

　정재면은 학생들에게 정규 과목의 하나로 성경을 가르치게 해달라고 마을 학자들에게 요구했습니다. 그렇지 않으면 교사가 될 수 없다고 했지요. 당시 나라가 망해가고 있었기 때문에 지식인들은 민족 교육에 힘을 써야 한다고 생각했고, 나라의 힘을 기르려면 새로운 학문을 받아들여야 한다고 생각했습니다. 그래서 신문학을 가르치기 위해 정재면의 요구를 받아들였습니다.

　그런데 얼마 후 정재면은 학생들만으로는 안 된다며 어른들도 기독교를 믿어야 한다고 요구했습니다. 이번에도 자신의 요구를 들어주지 않으면 교사직을 내놓겠다고 했지요. 명동촌의 학자들은 상의 끝에 마을에 교회를 세우고 오래도록 지켜 온 유교 대신 기독교를 택했습니다. 학자들이 대대로 이어온 유교를 버리고 기독교를 택한 것은 정재면의 요구도 있었지만, 당시 시대 상황의 영향도 컸습니다.

　세상은 1차 세계 대전으로 어수선했고 북간도 사람들은 청국과 일본의 횡포로 괴롭힘을 당하던 시기였습니다. 때문에 정치적으로 마을을 보호할 수 있는 무언가가 필요했습니다. 그것이 바로 기독교였습니다.

　유럽의 선교사들이 들어와 전파한 기독교는 하나의 국가와도 같았습니다. 선교사들을 함부로 해치거나 하면 선교사를 파견한 나라에서 군대를 보내 전쟁을 벌였습니다. 때문에 청국도 일본도 기독교 관련 학교나 교회, 마을 등은 함부로 건드리지 못했습니다. 명동촌은 기독교를 받아들임으로써 마을도 지키고, 독립의 힘을 기를 수 있는 신문학도 배우는 것을 선택한 것입니다.

시인의 꿈이 모락모락

동주와 몽규는 아홉 살에 명동소학교에 입학했습니다. 소학교 친구들로는 문익환과 외사촌 김정우, 당숙 윤영선 등이 있습니다. 특히 다섯 살 때까지 집에서 함께 산 몽규는 학교에 들어와서도 단짝이 되었습니다.

"'가' 자에 '기역' 하면 '각', '가' 자에 '니은' 하면 '간'."

동주가 머리를 끄덕이며 한글을 외우고 있었습니다.

"동주야, 뭐해?"

친구가 물었습니다.

"응, 한글 공부해."

"한글 공부 참 희한하게 하네. 마치 천자문 외우는 것 같아."

친구의 '희한하다'는 말에 동주는 얼굴이 빨개졌습니다. 자신이 뭔가 잘못한 느낌이 들었거든요.

"'가' 자에 '기역' 하면 '각', '가' 자에 '니은' 하면 '간'."

친구는 동주를 따라했습니다. 동주는 자신을 놀리는 것만 같아 눈물이 핑 돌았습니다.

"동주야, 이렇게 한글 외니까 참 재미있다. 우리 같이 하자."

같이 하자는 친구의 말에 동주는 그제야 환히 웃었습니다. 어려서부터 부끄럼을 잘 타고 수줍음이 많은 윤동주는 이처럼 얼굴이 빨개지는 일이 많았습니다. 간혹 친구들과 선생님의 말에 눈물을 흘릴 때도 있었어요.

그렇다고 동주가 친구들과 어울리지 못한 것은 아니었습니다. 늘 반듯하고 모범적이어서 많은 친구들이 동주와 친하게 지내고 싶어 했어요.

한편 몽규는 부끄럼이 많은 동주와 달랐습니다. 몽규는 말도 잘하고 굉장히 적극적인 아이였습니다. 운동을 하든 놀이를 하든 몽규가 주도하여 편도 나누고 놀이도 정했어요. 둘의 성격은 반대였지만 동주와 몽규 모두 글쓰기를 좋아하는 공통점이 있었습니다.

몽규는 성탄절이면 아이들을 불러 모아 배역을 정하고 연극 공연을 펼쳤습니다.

"동주야, 《아이 생활》 다 읽었어?"

"응, 여기."

동주와 몽규는 서울에서 소년 소녀 잡지를 구독해 읽었습니다. 동주는 《아이 생활》을, 몽규는 《어린이》란 잡지를 구독했습니다.

둘은 서로의 잡지를 돌려 보고 잡지를 구독하지 않는 친구들에게 빌려 주기도 했습니다.

그러던 어느 날, 동주와 몽규는 친구들에게 제안을 했습니다.

"우리도 잡지를 만들면 어떨까?"

"우리들이 직접 글을 써서 만드는 거야."

"잡지를 만든다고?"

동주와 몽규의 말에 친구들은 선뜻 대답을 못했습니다. 글을 쓴다는 게 쉬운 일이 아니었거든요.

"나는 글을 잘 못 쓰는데."

"괜찮아. 글은 자꾸 쓰다 보면 늘어."

"친구들이 직접 쓴 글을 보면서 배우는 것도 많을 거야."

친구들은 동주와 몽규의 설득에 고개를 끄덕였습니다.

"좋아, 한번 해보자."

"그런데 잡지 제목은 뭐로 하지?"

"글쎄, 멋진 이름 없을까?"

잡지 이름을 무엇으로 지을까 고민하던 동주와 친구들은 담임 선생님인 한준명을 찾아갔습니다. 한준명은 명동소학교 시절 동주의 아버지 윤영석으로부터 가르침을 받은 제자였습니다.

"선생님, 저희가 잡지를 만들고 싶은데 잡지 제목을 무엇으로 하면 좋을까요?"

"너희들이 잡지를 만든다고?"

"네. 저희들이 직접 글을 써서 잡지를 만들 거예요."

"그래? 참으로 대견하구나!"

담임 선생님은 아이들의 머리를 쓰다듬어 주었습니다.

"잡지 이름은 '새 명동'으로 하는 게 어떻겠니?"

"'새 명동'이요?"

아이들은 '새 명동'이란 말이 무슨 뜻인지 궁금했습니다.

"'새 명동'은 너희들이 만들어 갈 새로운 명동, 새로운 나라를 뜻하는 말이다. 우리는 지금 일제 치하에 살고 있지만 너희들이 어른이 되었을 때는 우리나라를 되찾아야 하지 않겠니?"

동주와 친구들은 한준명 선생님이 지어 준 '새 명동'이 마음에 들었습니다.

"새 명동! 우리는 다시 나라를 되찾을 거예요!"

잡지 이름이 지어지자 동주와 친구들은 글을 쓰기 시작했습니다. 동시를 쓰고 싶은 친구들은 동시를 쓰고, 동화를 쓰고 싶은 친구들은 동화를 썼습니다.

동주네 반은 '새 명동'으로 인해 문학반 분위기가 났습니다. 글쓰기에 관심을 가진 반 아이들은 책도 많이 읽고, 쓰고 지우고 쓰기를 반복했어요.

시인 윤동주의 꿈은 이때부터 모락모락 피어났습니다.

 ## 명동학교

　명동서숙은 명동촌에 있던 서숙 즉, 글방들을 하나로 합쳐 만든 학교입니다. 북간도로 이민을 온 학자들이 한문학을 가르치기 위해 세웠던 세 개의 서숙을 신문학을 가르치기 위해 하나로 합친 것이 명동서숙입니다. 그 후 좀 더 현대적 이름으로 바꿔 명동학교가 되었습니다.

　명동학교는 명동소학교와 명동중학교로 이루어진 기독교 학교로서 간도의 대표적인 명문 학교로 발전했습니다. 특히 민족정신이 강해 명동학교 학생과 교사들은 독립을 위해 만세 시위운동을 한다거나, 무장 투쟁을 벌이는 등 활발한 활동을 벌였습니다. 때문에 1920년 10월에 일본군들이 명동학교를 불태우기도 했지요. 하지만 기독교 마을이기에 다른 곳은 별다른 피해가 없었습니다. 단지 많은 독립 운동가들을 배출하고 있는 명동학교가 꼴 보기 싫어 불태운 것이지요.

　1922년 일본어를 가르치겠다는 조건하에 일본 정부가 불태운 학교를 다시 세워 주기는 했지만, 경영이 어려워지면서 1925년 명동중학교는 결국 문을 닫고 말았습니다.

멋쟁이 문학 소년

1931년 3월 20일에 명동소학교를 졸업한 동주는 몽규와 함께 십 리나 떨어진 중국인 소학교 6학년에 편입해 공부했습니다. 먼 거리였지만 서로를 의지하며 잘 걸어 다녔어요. 하지만 늦가을 동주네 집은 명동촌의 사정으로 용정으로 이사를 가게 됩니다.

1930년부터 명동촌은 살기 힘든 동네로 변했습니다. 일본이 만주 사변을 일으켜 중국을 침략하기 시작했고, 공산당의 무자비한 횡포가 날로 심해져만 갔기 때문이지요. 때문에 명동촌에 있던 많은 사람들이 동주네처럼 다른 곳으로 이사를 가기 시작했습니다.

동주네가 이사 간 용정이라고 자유로운 곳은 아니었습니다. 그곳에는 일본 총영사관이 있었는데, 조선 사람들을 감시하고 독립 운동가들을 마구 잡아가는 곳이었습니다.

용정은 명동촌과는 달리 도시였어요. 때문에 동주네 가족은 명동촌에 있는 논과 밭은 소작을 주고 대신 인쇄소를 시작했습니다. 인쇄업은 평소 책을 좋아하던 아버지 윤영석이 자신감을 갖고 차린 것이었습니다.

명동촌에 있을 때는 커다란 기와집에서 살았지만 용정으로 이사 온 동주네 가족은 20평 남짓한 초가집에서 살게 되었습니다. 작은 초가집에서 할아버지와 할머니, 아버지와 어머니, 동생들 그리고 몽규가 함께 살아야 했습니다.

몽규네 가족은 명동촌에서 이사를 오지 않았기 때문에 몽규 혼자 유학을 온 셈이었어요.

동주는 볼 것 많고, 뛰어놀 곳 많은 아름다운 명동이 그리웠습니다. 게다가 아버지의 인쇄소가 잘되지 않아 살림도 예전만 못했습니다. 이후로 윤영석은 포목점을 하기도 했지만 공부만 하던 사람인지라 사업은 실패를 거듭했어요.

명동촌에서 제일가는 부자였던 가정 살림이 조금씩 어려워졌지만 동주는 기죽지 않았습니다.

1932년 4월에 동주는 송몽규, 문익환 등과 함께 은진중학교에 입학했습니다. 그곳은 캐나다 선교부가 운영하는 기독교 학교였습니다.

은진중학교에 입학하면서 축구에 취미가 생긴 동주는 축구 선수로 활약하며 멋도 부리기 시작했습니다. 재봉틀을 이용해 허리를 잘록하게 만들거나 나팔바지를 만들어 멋지게 입고 다녔지요.

어느 날은 축구부들의 운동복을 집으로 가져오기도 했습니다.

"아니, 웬 운동복이냐? 빨 거냐?"

보따리 가득 운동복을 가져온 동주를 보며 어머니가 물었습니다.

"번호 새길 거예요."

"번호를 새겨?"

"네. 선수마다 다 번호가 있거든요. 그래서 운동복에 번호를 새기려고요."

동주는 바늘과 실을 준비한 후, 한 땀 한 땀 정성 들여 바느질했습니다.

"와, 멋지다!"

"이거 정말 네가 다 바느질 한 거야?"

친구들은 동주가 바느질해 온 운동복을 보고 감탄했습니다. 동주의 바느질 솜씨는 어머니 김용에게서 이어받은 것이었습니다.

"뭐하냐?"

아버지 윤영석이 귤 궤짝 위에서 무어라 중얼거리는 동주를 보고 물었습니다.

"웅변 연습하는 거예요."

"네가 웅변을 한다고?"

말문이 막히거나 누가 뭐라고만 하면 금세 얼굴이 빨개지는 수줍은 소년이 남들 앞에서 자신의 주장을 발표하는 웅변을 한다고 하니 믿어지지가 않았습니다.

하지만 동주는 당당하게 1등을 차지했습니다. 2학년 때였는데 '땀 한 방울'이라는 제목으로 다른 친구들을 제치고 1등을 했던 거예요.

동주의 웅변은 다른 친구들과 달랐습니다. 크고 자신감 있게 소리치는 웅변이 아니라 침착하고 차분한 웅변이었어요. 그런데 오히려 그런 모습이 보기 좋아서 선생님들이 1등을 주었어요.

동주는 1등 상품으로 받은 예수님 사진을 받아 들고 무척 기뻐했습니다.

중학교에 올라가서 축구와 웅변, 수학 등에 재능을 보인 동주는 글쓰기도 소홀히 하지 않았습니다.

소학교 때부터 교내 잡지 만드는 일을 하던 동주는 중학교 올라와서도 교내 잡지 만드는 일에 열심히 참여했습니다. 때로는 등사지에 글을 옮겨 쓰느라 밤을 새기도 했습니다.

또한 윤석중의 동요와 동시를 읽으며 시에 관심을 갖기 시작했습니다. 책을 많이 읽을수록 동주는 더 깊이 문학을 공부하고 싶어졌습니다.

은진중학교와 영국덕

　캐나다 선교사들이 만든 은진중학교는 간도 지역을 대표하는 기독교 학교입니다. 윤동주가 은진중학교에 입학했을 때는 이미 조선이 일본에 병합된 지 오래고, 일본이 간도에 만주국을 세운 상태라 애국가도 못 부르고 태극기도 달 수 없었습니다.
　하지만 은진중학교에서는 애국가도 마음대로 부를 수 있었고, 태극기도 마음껏 흔들 수 있었습니다. 은진중학교가 이처럼 자유로울 수 있었던 것은 영국 덕분이었습니다.
　당시 캐나다는 영국의 연방 국가 가운데 하나였습니다. 캐나다 선교사들을 위협하는 것은 영국과 전쟁을 하겠다는 뜻과 같았습니다. 캐나다 선교사들은 용정 동쪽의 동산에 자리를 잡고 있었습니다. 그래서 사람들은 그곳을 영국의 언덕이라는 뜻으로 '영국덕'이라고 불렀지요.
　영국덕 안에는 명신여학교, 제창병원, 선교사들의 주택 등이 들어서 있었습니다. 은진중학교 또한 영국덕 안에 있었기 때문에 애국가를 부르거나 태극기를 흔들어도 일본군의 간섭을 받지 않았습니다.

눈을 뜨는 민족의식

　명동소학교 시절부터 훌륭한 선생님들로부터 나라 사랑을 배운 동주는 은진중학교에 입학하면서 민족주의에 대해 깊이 생각하게 되었습니다.

　은진중학교는 캐나다 선교사들이 운영하는 기독교 학교라 일본의 억압을 덜 받기는 했지만, 교과서만큼은 모두 일본어로 되어 있었습니다.

　동주와 친구들은 소학교 시절 일본어를 배웠기 때문에 수업에 큰 어려움은 없었습니다. 하지만 은진중학교 선생님들은 일본어를 한국어로 번역해 읽었습니다. 마치 동시 통역사처럼 일본말로 된 교과서를 우리말로 번역해 수업을 한 것입니다.

은진중학교에서 동주에게 가장 큰 영향을 준 사람은 명희조 선생님이었습니다. 명희조 선생님은 동양사와 국사, 한문 등을 가르쳤는데 애국심이 강한 사람이었습니다. 일본 사람들이 만든 기차를 타기 싫다며 용정에서 평양을 자전거로 다녀올 정도였습니다. 명희조 선생님은 동주와 친구들에게 민족과 역사에 대해 눈을 뜨게 만들어주었습니다.

당시에는 이광수의 소설 《흙》이 많은 인기를 얻고 있었습니다. 《흙》은 교육 수준이 낮고, 낡고 오래된 전통에 젖어 발전이 없는 농촌을 계몽하자는 내용을 담고 있었습니다. 《흙》이 인기를 얻으면서 동주와 같은 많은 청소년과 젊은이들 사이에서는 주인공이 펼치는 '이상촌 운동'이 하나의 꿈으로 다가왔습니다. 때문에 농업과로 진학해 농업 발전에 대해 공부하려는 학생들이 많았지요.

하지만 명희조 선생님은 이상촌 운동에 빠져드는 학생들을 나무랐습니다.

"이상촌 운동의 목적은 인간다운 삶을 살자는 데 있다. 하지만 지금 시대와는 맞지 않다. 인간다운 삶이란 무엇이냐. 단순히 농촌을 계몽하는 데 있더냐? 국가가 있어야 한다. 국가는 어떻게 만

들어지는 것이냐? 국가는 발을 딛고, 먹고 살 땅이 있어야 하고, 함께 어울려 살 국민이 필요하고, 나라를 지키고, 민족의 언어와 정서를 지킬 수 있는 주권이 있어야 한다."

명희조 선생님은 학생들의 눈을 맞추며 큰 소리로 말했습니다.

"이상촌 운동을 통해 생활환경이 나아졌다 해도 주권 없는 노예라면 그게 무슨 소용이 있겠는가? 언제 다시 주인이라고 말하는 자들이 힘겹게 이룩한 생활환경을 무너뜨릴지 모르는데. 너희들이 참된 이상촌 운동을 실천하고 싶다면 국가의 독립부터 생각하여라. 우리 땅에서 우리 민족이 자유롭고 평화롭게 살 수 있을 때 진정한 이상촌 운동이 실현될 수 있을 것이다."

동주는 조금씩 민족의식에 눈을 떠가는 기분이었습니다. 선생님들이 일본어로 된 교과서를 굳이 우리말로 번역해 수업하는 것도, 명희조 선생님이 이상촌 운동보다 나라의 독립이 먼저라고 얘기한 것도 알 것 같았습니다.

동주가 민족의식에 차츰 눈을 떠갈 때 시인으로서의 꿈을 자극하는 사건이 벌어졌습니다. 사촌이자 오랜 친구인 몽규가 동아일보 신춘문예 콩트 부분에 지금의 숟가락을 뜻하는 '술가락'이란 작품으로 당선된 것입니다. 신춘문예는 전국에서 보내온 작품을

심사해서 가장 잘 쓴 한 편을 뽑는 문예 대회입니다.

석 달 간격으로 한집에서 태어나 소학교 때부터 지금까지 함께 문학을 공부한 친구이자 경쟁자인 몽규가 신춘문예에 당선된 것입니다. 그것도 중학교 3학년인 신분으로 어른들과 겨뤄 당당히 당선된 것이지요. 몽규는 이제 습작품을 쓰는 작가 지망생이 아니었습니다. 어느 대회보다 권위 있는 신춘문예에 뽑혀 정식으로 인정받는 작가가 된 것입니다.

욕심 없고 차분한 동주이지만 몽규의 신춘문예 당선은 질투 나는 일이었습니다.

'대기는 만성이야. 큰 사람은 좀 늦게 나타나는 법이야. 큰 사람이 되기 위해서는 많은 노력과 시간이 필요한 것이니까.'

동주는 스스로를 위로하며 더욱 시인의 꿈을 다졌습니다. 이때부터 동주는 자신의 작품에 쓴 날짜를 표시하며 소중히 챙겼습니다. 또, 완성되기 전에는 절대로 남에게 작품을 보여주지 않았습니다.

습작 기간 동안 자신의 작품에 날짜를 쓰지 않았던 동주가 시인으로서의 마음가짐을 갖고 자신의 작품에 대한 반성과 각오를 하게 된 것입니다.

처음 맞는 시련

　1935년 1월 1일자 동아일보 신문에 몽규의 신춘문예 당선작이 실렸습니다. 1935년은 몽규에게 있어 뭔가 결정을 해야 될 시기였습니다.
　"중국으로 간다고?"
　"응."
　"왜 하필 중국이야?"
　"큰 나라에 가서 더 많은 걸 배우려고."
　몽규는 신춘문예에 당선된 후 4월에 중국으로 떠났습니다.
　함께 문학 공부를 한 문익환도 평양에 있는 숭실중학교로 전학을 갔습니다. 몽규의 신춘문예 당선과 친구의 유학은 동주에게 새로운 시작을 찾게 했습니다.

"아버지, 저도 평양에 있는 숭실중학교로 전학 가고 싶어요."

동주는 아버지에게 평양으로 유학을 가고 싶다고 했지만 아버지는 선뜻 허락하지 않았습니다. 평양으로 보내려면 경제적으로 부담이 되었거든요.

당시 고등학교나 전문학교, 대학교 등에 입학하려면 5년제 중학교를 나와야 유리했습니다. 하지만 동주가 다니는 은진중학교는 4년제라 상급 학교에 진학하는 것이 불리했지요.

함께 문학 공부를 하던 몽규와 익환이 떠나자 동주는 마음이 편치 않았습니다. 다들 더 나은 미래를 위해 떠났는데 자신만 뒤처지는 것 같았어요.

"아버지, 숭실중학교로 전학 가게 해 주세요. 더 열심히 공부할게요."

동주는 계속해서 아버지를 설득했습니다. 경제적으로 예전만큼 넉넉하지도 않고 맏아들을 멀리 평양까지 혼자 보낸다는 것이 편치 않았지만 아버지는 결국 허락하고 말았습니다.

1935년 9월 동주는 마침내 평양에 가게 되었습니다. 빼앗긴 나라지만 조국 땅에서 공부를 할 수 있는 기회를 얻게 된 것입니다.

동주는 숭실중학교로 전학하기 위해 편입 시험을 치러야 했습니다. 공부 잘하는 동주는 당연히 편입 시험에 붙을 수 있을 거라 자신했습니다. 하지만 결과는 동주가 생각했던 것과 달랐습니다.

"이미 수료한 3학년에 다시 들어가라니. 내가 편입 시험에 실패했단 말인가?"

동주는 편입 시험 결과를 보고 큰 충격을 받았습니다. 친구 익환이도 4학년으로 편입한 숭실중학교를 3학년부터 다시 다녀야 한다니 너무 창피하고 억울했어요.

숭실중학교는 모든 편입생들에게 편입 시험을 치르게 했습니다. 시험 결과로 학생들의 학년을 정했는데 숭실중학교는 동주의 학업 수준을 3학년 자격밖에 되지 않는다고 본 것입니다.

본래의 학년보다 한 학년 아래로 들어오라는 말은 시험에 떨어졌다는 뜻과 다름이 없었습니다.

"몽규는 신춘문예에 당선되고, 몇 개월 전까지만 해도 한 학년에서 함께 공부한 익환이는 이제 나보다 한 학년 위가 되었구나!"

동주는 이 일로 무척 괴로워했습니다.

"집안 형편도 좋지 않은데 나 때문에 부모님께서 학비를 1년이

나 더 부담하셔야 되는구나."

동주는 은진중학교로 돌아가면 4학년에 다닐 수 있었습니다. 하지만, 이미 용정에 있는 친구들도 자신이 숭실중학교로 전학하러 온 것을 알고 있었고, 이왕 어렵게 왔는데 그냥 포기할 수도 없었습니다.

숭실중학교는 이처럼 동주에게 큰 시련을 안겨 주었습니다. 하지만 그만큼 동주의 마음을 강하게 만들어 주었어요.

동주는 시집을 사서 읽고 또 읽으며 시 공부에 매달렸습니다. 구하지 못한 시집은 손으로 직접 베껴서 공부했어요. 그리고 은진중학교에서와 마찬가지로 교지 편집도 열심히 했습니다.

특히 동주는 정지용의 시를 좋아했습니다. 《정지용 시집》을 사서 읽고 밑줄 치고, 평하면서 동주 자신의 시 세계를 만들어 갔어요. 화려하고 어려운 말로 시를 쓰던 동주는 정지용을 본받아 쉬우면서도 깊이 있는 시를 쓰고자 했습니다. 또 《정지용 시집》의 동시를 보면서 동시 쓰기도 열심히 했습니다.

〈조개껍질〉은 1935년 12월에 쓴 동시로 현재 남아 있는 윤동주 작품들 가운데 최초의 동시입니다

〈조개껍질〉

아롱아롱 조개껍데기
울언니 바닷가에서
주워 온 조개껍데기

여긴여긴 북쪽 나라요
조개는 귀여운 선물
장난감 조개껍데기

데굴데굴 굴리며 놀다
짝 잃은 조개껍데기
한 짝을 그리워하네

아롱아롱 조개껍데기
나처럼 그리워하네
물소리 바닷물 소리

굽힐 수 없는 시인의 꿈

　신사 참배 거부로 숭실중학교 교장이 일본에 의해 강제로 쫓겨나자 이에 대한 항의로 동주는 숭실중학교를 자퇴했습니다. 하지만 자퇴 후 용정에 돌아온 동주는 친일 학교인 광명학원 중학부 4학년에 편입해야만 했습니다. 친일 학교에 편입하고 싶지 않았지만 당시 용정에 상급 학교에 진학하기 쉬운 5년제 중학교는 광명학원밖에 없었습니다. 친구 문익환도 자퇴 후 광명학원 중학부 5학년에 편입했습니다.

　광명중학교를 다니는 동주는 마음이 편치 않았습니다. 친일 학교에 다니는 것도 그렇지만 중국에 유학을 간 줄 알았던 몽규가 독립운동을 하다가 일본 경찰에 붙잡혀 고생을 하고 있었습니다.

〈이런 날〉

사이좋은 정문의 두 돌기둥 끝에서
오색기와 태양기가 춤을 추는 날
금을 그은 지역의 아이들이 즐거워하다.

아이들에게 하로의 건조한 학과로
해말간 권태가 깃들고
'모순' 두 자를 이해치 못하도록
머리가 단순하였구나.

이런 날에는
잃어버린 완고하던 형을
부르고 싶다.

이 시는 동주가 광명학원에 다니던 1936년 6월 10일에 쓴 시예요. 시의 내용을 보면 광명학원 교문 기둥 끝에 걸린 만주국의 오

색기와 일본의 태양기 아래서 공부하고 있는 자신의 처지를 가슴 아파하고 있는 것을 알 수 있어요.

신사 참배 반대에 항의하며 숭실중학교를 자퇴한 자신이 신사 참배가 철저하게 지켜지는 친일 학교에서 공부하고 있다는 것이 얼마나 모순된 일인지, 일본의 국기들 아래에서 즐거워하는 아이들이 얼마나 어리석은지 얘기하는 것이지요.

'완고하던 형'은 정확하게 누구를 가리킨 것은 아니지만, 석 달 앞서 태어난 사촌형이자 친구인 몽규를 그리워하는 모습이라 볼 수 있습니다.

이처럼 학교생활이 견디기 힘들었던 동주는 오직 시와 문학 공부에만 몰두했습니다.

《세계 문학 전집》과 정지용, 주요한, 한용운, 황순원, 이광수 등 우리나라 작가들의 시와 소설 등 많은 책들을 사다가 새벽까지 읽고 공부했습니다. 백석의 《사슴》은 구하지 못해 손으로 직접 베껴서 공부하기도 했습니다.

이렇게 문학에 푹 빠져 지내던 동주는 상급 학교도 문학을 공부할 수 있는 '문과'로 가고 싶어 했습니다. 하지만 집안의 반대가 심했습니다. 특히 아버지의 반대가 심했습니다.

"문과에 가서 뭘 하려고? 의대를 가야 졸업하고 먹고 살 게 아니냐."

"저는 문학을 공부하고 싶어요."

"문학 공부해 봤자 아무 소용없어. 시대를 봐라, 일본 놈들의 감시 때문에 작가들이 자신의 뜻대로 글을 쓸 수가 있나, 하루아침에 신문사가 문을 닫는 시대에 마음대로 기사를 쓸 수가 있나. 문학은 아무짝에도 소용없어."

"그래도 문학을 할 거예요."

"절대 문학은 안 돼. 문학은 아무짝에도 쓸모가 없어. 의대를 가."

동주의 아버지 윤영석은 젊어서 중국과 일본을 오가며 문학 공부를 했습니다. 명동소학교에서 교사 생활도 하고, 동주처럼 감수성도 풍부하고 책도 좋아했지만 그것이 가정을 이끌어 가는데 경제적으로 도움이 되지 못했습니다.

"아버지를 봐라, 문학 공부가 아무 도움이 되지 못하지 않느냐."

윤영석은 가정을 이끌어 가기 위해 인쇄소도 해 보았고, 포목점도 해 보았지만 제대로 되지 않았습니다. 때문에 아버지에게 경제적으로 의지해 살고 있었지요.

나이가 들어서까지 아버지에게 경제적으로 의지해 산다는 것이 몹시 부끄럽고 창피했던 마음에 동주의 문과 입학을 반대한 것입니다.

"문과를 가지 않는다면 아무 곳도 가지 않겠어요."

부모님의 말을 잘 따르고 이해심 많던 동주였지만 시인이 되고 싶은 꿈은 절대 포기할 수 없었습니다. 시간이 지날수록 아버지와 부딪치며 진학 문제로 싸우는 것도 싫었습니다. 때문에 아버지가 퇴근하는 시간이면 집을 나가 산이며 강, 들을 헤매고 다녔지요. 한숨도 날로 늘어만 갔습니다.

그러던 어느 날 동주는 처음으로 집에 들어가지 않았습니다. 그만큼 문과에 가고 싶었지요.

"그렇게 문과에 가고 싶으냐?"

동주의 외박에 할아버지 윤하현이 나섰습니다.

"네. 문과에 가고 싶어요."

"문과에 가서 뭘 하려고. 먹고 살 걱정을 해야지."

아버지 윤영석이 소리쳤습니다.

"아범아, 본인이 꼭 문과에 가야겠다고 하니 어쩌겠느냐. 네가 고집을 꺾어라."

몇 개월 동안 계속 된 진학 싸움은 이렇게 해서 끝이 났습니다.
아버지와 가족들의 마음을 아프게 한 것은 죄송했지만 동주는 드디어 문학을 공부할 수 있다는 생각에 마음이 설레였습니다.

신사 참배

일본이 1918년 서울 남산에 조선 신사를 세우면서 전국적으로 신사가 세워지기 시작했습니다. 그리고 1931년 일본이 만주 사변을 일으킨 뒤로는 '국민정신 총동원'이라는 이름으로 조선인들에게까지 신사 참배를 강요했습니다.

신사 참배는 일본의 신에게 절하고 기도하라는 뜻입니다. 그런데 일본은 천황도 신이라 여기고 있었기 때문에 결국 일본 천황에게 절을 하고 기도를 하라는 것이었습니다. 한마디로 조선의 역사와 정신, 문화를 부정하고 일본인으로서 살아가라는 뜻이었습니다.

조선인들에게 신사 참배를 강요하던 일본은 기독교 학교에까지도 신사 참배를 강요하기 시작했습니다. 기독교 학교는 이미 '예수'라는 신을 믿는 학교였는데 그것을 부정하고 신사 참배를 하라는 것이었습니다.

당시 윤동주가 다니고 있던 숭실중학교는 숭실전문학교와 숭의여자중학교 등과 더불어 기독교 학교였습니다. 이들 학교는 예수를 믿는 기독교 학교로서 일본의 신사 참배를 거부했습니다. 그러자 숭실중학교와 숭실전문학교의 교장이자 미국인 선교사 윤산온을 학교에서 강제로 내보냈습니다. 이에 학생들이 동맹 퇴학으로 저항했는데 윤동주도 이때 자퇴했습니다. 이후 1938년 3월 숭실중학교와 숭실전문학교, 숭의여자중학교는 결국 문을 닫고 말았습니다.

풍요로운 문학의 바다

 1938년 4월 9일 동주는 연희전문에 입학했습니다. 독립운동을 하다가 경찰에 체포되었던 몽규도 대성중학교를 졸업하고 같은 학교 같은 과에 입학했습니다. 동주에게 있어 연희전문에서의 생활은 문학의 풍요로움에 흠뻑 빠질 수 있는 시기였습니다.

 연희전문은 지금의 연세대학교를 말합니다. 기독교 학교로 다른 친일 계통 학교보다 자유롭게 생활할 수 있었습니다. 또한, 학교 곳곳에 무궁화가 있고 문에는 태극 문양이 장식되어 있는 민족 정신이 살아 숨 쉬는 곳이었습니다.

 교수진도 최현배, 유억겸, 이양하, 이묘묵, 현제명, 최규남, 김

선기, 백낙준, 신태환, 정인섭, 손진태 등 당대의 유명한 학자들로 이루어져 있었습니다.

    교수들은 수업시간이면 민족정신을 일깨우는 얘기들을 많이 해 주었습니다. 역사를 가르친 손진태 교수는 폴란드의 퀴리 부인 얘기로 학생들을 울리기도 했지요.

    "퀴리 부인이 어렸을 때, 폴란드는 러시아의 지배를 받고 있었단다. 때문에 학생들은 몰래몰래 폴란드어를 배워야 했지. 그날도 몰래 폴란드 말을 배우고 있는데 러시아 관리인이 찾아온 거야. 학생들은 부랴부랴 폴란드어 책을 책상 속에 감춰야 했어."

    손진태 교수는 말을 잇지 못하고 눈물을 흘렸습니다. 학생들도 따라 울었습니다. 일본의 지배하에 있는 우리나라의 처지와 너무도 닮은 퀴리 부인의 이야기에 교수도 학생들도 서러움의 눈물을 흘린 것입니다.

    문학과 더불어 민족정신을 일깨우는 학교의 분위기는 동주의 시에 그대로 나타났습니다.

〈슬픈 족속〉

흰 수건이 검은 머리를 두르고
흰 고무신이 거친 발에 걸리우다.

흰 저고리 치마가 슬픈 몸집을 가리고
흰 띠가 가는 허리를 질끈 동이다.

　이 시는 흰 수건, 흰 고무신, 흰 저고리, 흰 띠 등의 흰색을 통해 백의민족인 우리나라의 슬픔을 노래한 것입니다.
　연희전문에 입학한 동주는 몽규, 강처중과 함께 기숙사 생활을 했습니다. 기숙사 제일 꼭대기 층인 3층의 한 방에서 기숙사 창문으로 쏟아지는 달빛을 받으며 별을 감상하기도 하고, 밤을 새우며 문학 이야기에 빠지기도 했습니다.
　문학의 바다에 흠뻑 빠진 동주는 신문사 학생란과 잡지사에 시와 동시 등을 보내며 창작 활동을 열심히 했습니다. 덕분에 은진중학교 시절 좋아했던 동요와 동시를 쓴 윤석중도 직접 만날 수 있었고 처음으로 원고료도 받았어요.

방학 때 집으로 돌아오면 부모님 일을 돕고, 산과 들을 걸으며 자연을 느끼고 사색에 잠겼습니다. 또한, 동생들에게 태극기, 무궁화, 애국가, 기미 독립 만세 등 나라의 역사와 문화에 대해 알려 주기도 했어요.
　의대에 가라고 그토록 반대했던 아버지 윤영석도 막상 동주가 오면 자랑스러워했습니다. 때문에 동주가 집 밖에 나다닐 때는 전문학교나 대학생들이 쓰고 다니던 사각모자를 꼭 쓰고 다니게 했어요. 하지만 동주는 한복을 입고 다니기를 좋아했습니다.
　연희전문에 다니는 것을 자랑스러워하면서도 아버지 윤영석은 문학 공부를 하는 것이 여전히 마음에 들지 않았습니다.

"잡지책이고, 동화책이고 자꾸 사 보내지 말거라. 동생들까지 문학가 만들려고 그러느냐?"

아버지는 동생들이 문학에 물드는 것 같아 걱정이었습니다. 어려운 시대에 문학만 가지고는 먹고살기 힘들다는 것을 너무도 잘 알고 있었거든요. 하지만 동주는 계속해서 책을 사 보냈습니다. 동생들에게 책 속에 담긴 우리 민족의 현실과 정신을 알려 주고 싶었지요.

동주는 2학년 때 좀 더 많은 것을 보고, 느끼고, 배우기 위해 기숙사를 나와 하숙 생활을 하기도 했습니다.

역사와 문화, 음악과 미술 등 다방면에 관심을 갖고 공부하던 동주는 정지용, 김영랑, 백석, 이상, 서정주 등 우리나라의 시인들과 보들레르, 릴케, 앙드레 지드, 도스토예프스키 등 외국 문학가들의 작품에도 많은 관심을 보였습니다.

하지만 학문과 문학에 더 깊이 빠져들수록 마음도 괴로워졌습니다. 학문과 문학을 아는 만큼 자신과 나라가 처한 시대 상황이 더 확실하게 보였기 때문입니다. 이 시기부터 비로소 '민족 시인 윤동주'의 모습이 서서히 드러나기 시작했습니다.

 연희전문에서의 새로운 시작을 표현한 시, 〈새로운 길〉

〈새로운 길〉

내를 건너서 숲으로
고개를 넘어서 마을로

어제도 가고 오늘도 갈
나의 길 새로운 길
민들레가 피고 까치가 날고
아가씨가 지나고 바람이 일고

나의 길은 언제나 새로운 길
오늘도…… 내일도……

내를 건너서 숲으로
고개를 넘어서 마을로

〈새로운 길〉은 윤동주가 연희전문에 입학한 뒤 처음으로 쓴 시입니다. 원치 않던 친일 학교 광명학원을 벗어나, 아버지와 힘들게 진학 싸움까지 벌인 끝에 비로소 원하던 곳에서 공부를 시작하게 된 윤동주의 마음이 잘 그려진 시입니다.

고통에 빠진 젊은 영혼

동주는 아기 때 유아 세례를 받은 독실한 기독교 신자였습니다. 교회를 가거나 성경을 읽고 기도를 드리는 것을 한 번도 게을리 하지 않았지요. 하지만 나라 잃은 고통이 점점 심해지자 신앙이 흔들리기 시작했습니다.

일본인들이 일으킨 전쟁에 우리의 젊은이들이 강제로 내몰려 죽어가고 있었어요, 그런데 시대의 아픔을 알리고 민족정신을 되살려야할 지식인들이 친일파가 되어 '조선문인협회'를 만들었습니다.

"문학인마저 나라를 버리면 민족의 역사와 정신은 누가 지켜 나간단 말인가."

　동주는 문학을 공부하는 사람으로서 마음이 너무 아팠습니다. 그러던 와중에 일본이 창씨개명을 하라는 발표를 했습니다. 또한 대표적인 한국어 신문인 동아일보와 조선일보가 일본에 의해 강제로 폐간되었지요.

　창씨개명은 우리 민족의 성과 이름을 일본식으로 바꾸는 제도입니다. 땅을 빼앗고 말과 글을 없애더니 이제는 성과 이름마저 일본식으로 만들라는 것이었습니다.

　문학을 공부하는 문화인으로 나라의 글과 정신, 민족을 사랑한 동주는 이름마저 마음대로 부를 수 없다는 현실에 너무 슬프고 고통스러웠습니다.

　"신이 정말 있는 것인가? 신이 있다면 어찌하여 우리 민족의 고통을 그냥 보고만 있는 것인가? 어떻게 인간이 인간을 그토록 잔혹하게 짓밟을 수 있단 말인가?"

　민족의 고통을 보며 동주는 평생을 믿고 의지한 신을 원망했습니다. 하지만 그것은 고통 받는 나라를 위해 아무것도 하지 못하는 자신에 대한 부끄러움이었지요.

남들처럼 적극적으로 나서서 독립운동을 하지 못하는 자신이 너무 부끄럽고 죄스러웠습니다. 동주는 부끄러움과 죄책감 때문에 그렇게 좋아하던 시도 쓸 수가 없었어요. 그렇게 1년 3개월 동안 한 편의 시도 쓰지 못하고 시달리던 동주는 1940년 12월이 돼서야 마음을 다잡고 다시 시를 쓰기 시작했습니다.

'민족 시인'이라 불리는 윤동주의 시들이 쓰이기 시작한 것입니다.

〈십자가〉

쫓아오던 햇빛인데
지금 교회당 꼭대기
십자가에 걸리었습니다.

첨탑이 저렇게도 높은데
어떻게 올라갈 수 있을까요.

종소리도 들려오지 않는데
휘파람이나 불며 서성거리다가,

괴로웠던 사나이,
행복한 예수 그리스도에게
처럼
십자가가 허락된다면

모가지를 드리우고
꽃처럼 피어나는 피를
어두워가는 하늘 밑에
조용히 흘리겠습니다.

십자가는 동주가 부끄러움과 죄책감을 극복하는 방법으로 자기 희생을 다짐하는 시입니다. 예수가 십자가에 매달려 희생함으로써 인간을 구원하고자 했던 것처럼 자신도 그런 고통과 희생을 통해 부끄러움과 죄책감을 씻고 싶다는 마음이 나타나 있었습니다.

졸업을 앞둔 1941년 12월 동주는 이러한 다짐을 모아 《하늘과 바람과 별과 시》라는 시집을 내고자 했습니다.

"선생님, 졸업 기념으로 이 시집을 출판하고 싶습니다."

동주는 평소 많은 이야기를 나누던 이양하 선생님을 찾아갔습니다. 이양하 선생님은 동주가 엮은 시집을 읽었습니다.

"동주, 자네 뜻은 충분히 알겠지만 지금은 때가 아닌 것 같군. 자네의 시들이 일본의 검열을 통과하지 못할 것 같아. 또한 위험에 빠질 수도 있어. 때를 기다려! 언젠가는 우리의 힘으로 일본을 물리칠 때가 올 거야."

이양하 선생님은 동주를 위해 시집 출판을 말렸습니다. 당시 일본은 진주만 공격으로 태평양 전쟁을 치르고 있었고, 그곳에 우리의 젊은이들이 총알받이로 나가고 있었어요. 또한 학교에서 조선어 교육을 전면적으로 금지시킨 어두운 시절이었습니다.

동주는 꼭 시집을 출판하고 싶었습니다. 서울에서 출판 못하면 고향인 용정에서라도 출판하려고 했어요. 하지만 돈이 없어서 출판하지 못했어요.

동주는 시집으로 출판하고자 했던 19편의 시를 직접 손으로 쓰기 시작했습니다. 그리고 세 부를 시집으로 만들었습니다. 제목도 출판하고자 했던 그대로 '하늘과 바람과 별과 시'라고 붙여서 1부는 자기가 갖고, 1부는 이양하 선생님에게, 1부는 함께 기숙사 생활을 하던 후배 정병욱에게 주었습니다.

원고지에 손으로 쓴 《하늘과 바람과 별과 시》. 이것이 민족 시인 윤동주가 살아생전 가져 본 처음이자 마지막 시집이었습니다.

조선문인협회와 조선어 학회

　조선문인협회는 1939년 10월 29일에 만들어진 친일 문학 단체입니다. 일본어로 글을 쓰고 말하게 하여 한글을 없애려는 것이 설립 목적이었습니다.

　조선문인협회는 이태준, 이광수, 김동환, 김억, 유진오, 주요한, 박영희, 이기영 등 그 시절 많은 젊은이들로부터 존경을 받던 인물들이 변절을 하여 참여했습니다.

　조선문인협회가 한글을 없애고 일본말을 생활화하도록 만들어진 단체라면, 조선어 학회는 그와 반대로 한글을 살리고, 한글 문학의 연구와 발전을 도모하는 단체였습니다.

　일본은 1942년 10월 조선어 학회가 학술 단체를 가장한 독립운동 단체라며 회원들을 마구잡이로 잡아다 가두고 고문을 했습니다. 이 일로 이윤재, 한징 등이 목숨을 잃었습니다.

조선어 학회 회원

나라 잃은 설움을 참으며 일본으로

연희전문을 졸업한 동주는 몽규와 함께 일본으로 유학 갈 준비를 했습니다.

일본으로 유학 가기 위해서는 도항 증명서가 필요했습니다. 도항 증명서는 누가 어떤 목적으로 왜 일본에 가는지 적는 서류를 말합니다.

"몽규야, 일본으로 가려면 창씨개명을 해야 한대."

"알아. 창씨개명을 하지 않으면 도항 증명서를 받을 수 없지."

동주와 몽규는 가슴이 답답했습니다. 창씨개명을 하지 않고 일본으로 건너갈 수 있는 방법을 찾을 수가 없었어요.

"창씨개명을 해야지. 그렇게 해서라도 일본으로 가야 해."

몽규가 단호하게 말했습니다.

"그래. 그럴 수밖에 없지."

동주와 몽규는 이름은 그대로 둔 채 성만 일본식으로 바꾸었습니다. 한순간의 굴욕을 참고서라도 일본으로 유학을 가서 슬픔과 고통에 빠진 민족을 구할 힘을 기르고 싶었습니다.

윤동주는 윤씨 성을 가진 사람들이 창씨하는 '히라누마'라고 하고, 몽규는 송자에 '촌(村)'자를 붙여 창씨했습니다. 이렇게 해서 윤동주의 이름은 '히라누마 도우쥬우'라 불리게 되었고, 송몽규의 이름은 '소무라 무게이'라고 불리게 되었습니다.

〈참회록〉

파란 녹이 낀 구리거울 속에
내 얼굴이 남아 있는 것은
어느 왕조의 유물이기에
이다지도 욕될가

나는 나의 참회의 글을 한 줄에 줄이자
―만 이십사 년 일개월을
 무슨 기쁨을 바라 살아 왔던가

내일이나 모레나 그 어느 즐거운 날에
나는 또 한 줄의 참회록을 써야 한다.
―그때 그 젊은 나이에
 왜 그런 부끄런 고백을 했던가

밤이면 밤마다 나의 거울을
손바닥으로 발바닥으로 닦아 보자.

그러면 어느 운석 밑으로 홀로 걸어가는
슬픈 사람의 뒷모양이
거울 속에 나타나 온다.

이 시는 동주가 창씨개명서를 제출하기 며칠 전에 쓴 시입니다. 시에서 말하는 어느 왕조는 일본에 의해 멸망한 '대한제국'을 뜻하는 말입니다. 멸망한 나라 백성이기에 하고 싶지 않은 창씨개명까지 하는 자신을 참회하는 시를 쓴 것입니다. 그러면서 이러한

일이 훗날 다시 참회해야 될 일 임을 다짐하는 시이지요.

동주는 경도제대에 입학 시험을 쳤다 떨어진 후 동경에 있는 입교대학에 입학했습니다. 그러나 학교생활은 쉽지 않았어요. 고향을 떠나 낯선 땅에 와 있는 것도 힘들었고, 평생을 함께 해 온 몽규와 떨어져 지내는 것도 외로움을 더하게 했지요.

교련 선생 반도신지는 철저한 군국주의자로 어떻게 하면 학생들을 전쟁터로 내몰까 고민하는 사람이었습니다.

"너희들은 일본의 사상에 젖지 않아. 젖을 수가 없지. 너희들은 위대한 일본인과 태생부터가 다르니까. 너희 같은 놈들은 일본에 필요 없어. 모두 없애버려야 해."

반도신지는 특히 조선 학생들을 못살게 굴었습니다. 잘못한 것이 없어도 때리고 괴롭히고, 조금만 잘못해도 전쟁터로 내몰았지요.

이처럼 낯설고 외로운 학교생활을 하던 동주는 여름방학을 맞아 그토록 그리워하던 고향에 갈 수 있었습니다.

"혜원아, 일주야, 광주야! 지금부터 우리말로 된 것은 무조건 모아. 책이건 신문이건 악보건 우리말로 된 것은 모조리 모아. 알았지?"

"왜 그래야 하는데?"

"일본이 우리의 말과 글, 고유문화, 정신까지 완전히 없애 버리려 하니까. 조선이란 역사 자체를 하나도 남김없이 없애 버리려고 하니까 우리 스스로 지켜야지."

동주는 동생들에게 신신당부했습니다. 이것이 동주의 마지막 유언인 셈입니다. 그 뒤 다시 고향을 찾지 못했으니까요.

독립을 꿈꾸다

　동주는 여름방학이 끝나고 가을 학기부터 경도의 동지사대학으로 옮겼습니다. 경도는 몽규가 있는 곳이기도 했고, 연희전문 시절 많은 이야기를 나눴던 이양하 선생님이 대학 시절을 보낸 곳이기도 했습니다. 때문에 왠지 모르게 친숙한 곳이었습니다.
　동주가 있는 하숙집은 학교에서 먼 거리에 있었습니다. 하지만 걸으면서 개울과 절, 고궁 등을 구경할 수 있고, 사색에 잠길 수 있어서 좋았습니다.
　동주와 몽규는 대학은 달랐지만 서로의 하숙집이 5분 거리에 있어 자주 만날 수 있었었습니다. 둘은 만나기만 하면 나랏일을 걱정했습니다.

"동주야, 우리가 일본에 유학 온 목적을 잊지 않았지?"

"당연하지. 굴욕적으로 창씨개명까지 해서 온 유학인데 어떻게 유학의 목적을 잊겠어."

"우리의 생각을 친구들과 나누자. 많은 젊은이들이 우리와 같은 생각을 한다면 언젠가는 독립할 날이 올 거야."

동주와 몽규는 친구들을 만나 자신들의 생각을 말했습니다.

"우리는 조선인이라는 것을 잊지 말아야 해. 조선의 역사와 문화를 연구하고 발전시켜 나가야 해. 일본인들은 우리의 말과 문화 정신을 모두 없애려 하고 있어. 우리가 이대로 당하고 있으면 훗날 독립할 기회가 와도 이미 조선의 역사와 문화, 정신을 잃어버린 뒤라 쉽지 않을 거야."

"맞아. 민족정신이 모두 사라지고 난 후에 누가 민족을 지키고 싸우겠어."

"이미 많은 지식인들이 민족정신을 잃어버리고 친일파가 되었어. 그런 사람들이 계속 늘어나면 결국 일본이 바라는 대로 조선이라는 나라는 영영 사라지고 말 거야."

둘은 마음이 맞는 친구들과 함께 많은 이야기를 나누었어요.

"일본인들은 우리 민족을 열등하다고 하지만 우리 민족은 오랜 역사를 가지고 있고 자랑스러운 한글과 문화유산을 많이 가지고 있어. 계속적으로 우리 역사와 문화의 위대함을 알리고 깨우치게 해야 돼."

"너희들 말이 맞아. 요즘 어린이들은 한글을 배우지 못해서 일본어로 말하고 일본어로 쓰면서 점점 일본인이 되어가고 있어."

특히 몽규와 동주는 문학으로 사회에 도움이 되고 싶었어요.

"민족의식을 발전시키기 위해서는 문화를 통하는 것이 가장 효과적이야. 연극과 영화도 좋지만 그것은 장소의 제약을 받으니까 문학 작품이 좋겠어. 이광수와 최남선의 경우를 봐도 알 수 있어. 대표적인 민족 작가들이 친일파가 된 후 그를 따르는 많은 젊은이들이 일본을 위해 전쟁에 나가고 있잖아."

"맞아. 그들이 문학적 재능을 이용해 친일을 정당화시키는 글을 썼기 때문이야."

"우리가 어쩔 수 없이 강제 징병을 당해 전쟁터에 나간다고 해도 민족의식만은 잃지 말아야 해. 독립의 기회가 왔을 때 우리의 군인들은 일본 군과 싸울 준비가 되어 있어야 하는 거라고."

동주와 친구들은 나랏일을 걱정하느라 밤새는 줄 몰랐습니다.

1943년 동주는 여름방학을 앞두고 있었습니다. 용정으로 짐도 부치고 차표까지 끊어 놓았는데 그만 일본 특고경찰들에게 체포되고 말았습니다. 독립운동을 했다는 이유에서이지요.

특고경찰들은 동주와 몽규, 친구들이 만나서 했던 애기를 모두 알고 있었습니다. 몽규가 중학교 3학년을 마치고 독립운동을 하러 중국에 갔다가 체포된 후 주요 감시 인물인 '요시찰인'이 되어 계속해서 감시를 당하고 있었던 것입니다. 때문에 몽규는 벌써 체포되어 있었지요.

"우린 너희들이 언제 어디서 누구를 만나 무엇을 했는지, 무엇을 먹었는지까지 다 알고 있어. 너희들이 했던 애기도 여기에 다 적혀 있지."

독립 운동가들만 전문적으로 잡아들이는 특고경찰들은 이 사건을 '재(在)경도 조선인 학생 민족주의 그룹 사건'이라고 불렀습니다.

동주가 체포되었다는 소식을 듣고 일본에 있던 당숙 윤영춘이 동주를 면회 갔습니다. 동주는 경찰의 지시로 자신의 시와 산문을 모두 일본 말로 옮기고 있었습니다. 동주의 글 속에 독립을 바라는 내용이 들어 있다는 것을 알고 있었던 것이지요.

"아저씨, 너무 걱정하지 마세요. 집에 가서서 할아버지와 아버지, 어머니에게 곧 석방되어 나갈 거라고 전해 주세요. 너무 걱정하지 마시라고요."

동주는 자신보다 가족들을 더 걱정했습니다. 외사촌이자 소학교 동창인 김정우가 면회를 왔을 때도 역시 가족들에게 자신은 잘 있다고 전해 달라고 했습니다.

동주와 몽규는 이 일로 인하여 징역 2년을 선고 받았습니다. 동주는 1943년 7월 14일에 특고경찰에 붙잡혀 1944년 3월 31일에 재판을 받아 2년을 선고 받았습니다. 대신 체포되어 형을 선고 받기까지 미결수로 갇혀 있던 260일 중 120일만 미결 구류일수로 계산해서 2년에 포함시켰습니다. 때문에 출소일이 1945년 11월

30일로 예정되었지요.

몽규는 1943년 7월 10일에 체포되어 1944년 4월 13일에 재판을 받았습니다. 동주와 똑같이 2년 형을 선고 받았지요. 하지만 출소일은 1946년 4월 12일이었습니다. 몽규가 이미 독립운동으로 한 번 체포되었던 경험이 있었기 때문입니다. 그래서 미결수로 있던 기간을 징역에 하루도 포함시키지 않은 것이지요.

나라의 독립을 꿈꾸던 젊은이들은 이렇게 차가운 독방에 갇히게 되었습니다.

감옥에서 별이 지다

　동주와 몽규는 복강형무소 독방에 수감되었습니다. 같은 형무소에 있었지만 둘은 만나기 힘들었어요.

　동주는 좁은 독방에 갇혀 투망 뜨기, 봉투 붙이기 등 날마다 주어지는 많은 양의 일을 해야 했습니다. 일반 범죄자들은 밖에 나가 일을 할 수 있었습니다. 때문에 힘들기는 하지만 사람들을 만날 수 있었지요. 하지만 동주 같은 사상범들은 다른 죄수들에게 독립운동이니 민족의식이니 하며 사상을 알릴 수 있다고 해서 혼자서 일을 하게 했습니다.

　"붓끝을 따라온 귀뚜라미 소리에도 벌써 가을을 느낍니다."

매달 한 번씩만 허락되던 엽서에서 동생 일주가 위와 같은 내용을 적어 보냈을 때 동주는 다음과 같이 답장을 했습니다.

"너의 귀뚜라미는 홀로 있는 내 감방에서도 울어 준다. 고마운 일이다."

사람을 만날 수 없는 외로움과 가족, 친구들에 대한 그리움, 고된 노동과 간수들의 횡포에 세상이 원망스러울 법도 한데 동주의 정신과 마음은 여전히 맑고 아름다웠습니다.

하지만 맑고 아름다웠던 청년 윤동주는 광복을 6개월 앞둔 1945년 2월 16일 오전 3시 36분 29살의 짧은 생을 마감합니다. 12월 30일이 생일인 것으로 따지면 만 나이로 27년 2개월 남짓한 나이였지요.

매달 5일까지 오던 동주의 엽서 대신 용정 집에 사망 소식이 날아들었습니다.

아버지 윤영석은 윤영춘과 함께 동주의 시체를 찾으러 갔습니다. 그런데 그곳에서 놀라운 일을 알게 됐습니다.

주사실로 향하는 복도 앞에 길게 늘어선 죄수들을 지나 면회실에 들어갔을 때였습니다. 동주의 시체를 찾기 전에 몽규를 먼저 면회하기로 했는데, 반쯤 깨진 안경에 알아볼 수 없을 만큼 마르고 초췌한 모습으로 몽규가 나타났습니다.

"네 모습이 왜 그 모양이니?"

"모르겠어요. 저놈들이 주사를 맞으라고 해서 맞았는데 자꾸 기억도 희미해지고 몸에서 힘도 빠져요. 동주도 이 모양으로……."

몽규는 더 이상 말을 잇지 못했습니다. 그저 서로의 손을 잡고 눈물을 흘릴 뿐이었지요.

주사로 인해 기억이 희미해지고, 힘이 빠지고 말라버린 몸. 이미 주사로 인해 죽어가고 있던 몽규는 동주의 장례식 다음날 세상을 떠났습니다. 동주와 한 집에서 태어난 몽규는 죽음까지도 동주와 함께 했습니다.

일본인들이 강제로 놓은 주사에 대해 정확하게 밝혀지지는 않았지만 생체 실험을 위해 구주제대에서 실험하고 있던 혈장 대용 생리 식염수 주사였을 가능성이 크다고 합니다. 실제로 윤동주가 죽은 1945년 조선인들이 많이 모여 있는 복강형무소에서만 259명이 죽었거든요. 1943년에는 64명밖에 죽지 않았는데 말예요.

몽규의 면회를 마치고 나온 동주의 아버지 윤영석은 복도에 주저앉아 울음을 터트렸습니다. 착하고 귀한 아들이, 남에게 싫은 소리 한 번 한 적 없던 아들이 몽규처럼 이름 모를 주사를 맞으며 그렇게 외롭고 쓸쓸하게 죽음을 맞이했을 거라 생각하니 애처롭고 안쓰럽고 억울해 견딜 수가 없었습니다.

윤영석을 달래던 윤영춘 또한 목 놓아 울었습니다. '곧 나갈 거예요. 너무 걱정하지 마세요.' 하던 동주의 목소리가 귀에 들리는 듯했습니다.

시체실에 들어서자 관들이 수북이 쌓여 있었습니다. 한반도와 가까워 조선인들이 많이 수감되는 복강형무소. 수북이 쌓인 관 속에 얼마나 많은 조선 사람들이 죽어 있을까. 윤영석과 윤영춘은 분노와 원통함으로 몸이 떨렸습니다.

"동주는 죽어가면서 알아들을 수 없는 한마디를 하고 죽었소."

시체를 찾아 준 직원이 윤영석에게 말했습니다.

"무슨 말인가요?"

"모르지. 나는 조선말은 모르니까. 아무튼 조금만 늦었으면 해부용으로 보내질 뻔했소."

정말 해부용으로 보내려 했는지 동주의 시체에는 썩지 말라고 방부제가 발라져 있었습니다.

아버지 윤영석은 죽어 있는 동주를 보며 아무 말도 못했습니다. 살아 있을 때 모습과 너무도 다르게 뼈에 가죽만 씌워놓은 듯 비

쩍 말라 있었습니다.

 윤영석과 윤영춘은 동주의 시체를 찾아 화장터에서 화장을 했습니다. 그리고 사기그릇에 뼛가루를 담아 고향으로 돌아왔습니다.

 아들의 시체를 화장해 돌아오니 고향에는 '동주 위독함. 원한다면 보석할 수 있음. 만약 사망 시에는 시체를 인수할 것. 아니면 구주제국대학에 해부용으로 제공할 것임. 속답을 바란다.'라는 우편물이 와 있었습니다. 사망 전에 보냈다는 것이 죽은 후에 도착해 있는 것이었습니다. 정말 죽기 전에 우편을 보낸 것인지 의심스럽고 기가 막힌 일이었습니다.

 어머니 김용은 장례를 치르는 동안 남들 앞에 눈물을 보이지 않았습니다. 모두가 잠든 밤에서야 아들의 관을 어루만지며 소리 없이 눈물을 흘렸지요.

 장례식은 1945년 3월 6일 용정의 집에서 치러졌으며, 가족들이 다니던 중앙장로교회의 문재린 목사가 맡아 주관했습니다. 윤동주를 보내며 그의 시 〈자화상〉과 〈새로운 길〉이 낭송되었습니다.

 아버지 윤영석은 동주의 묘비에 '시인 윤동주의 묘(詩人尹東柱之墓)'라고 적었습니다. 살아서 불러 주지 못한 시인이란 호칭을

아들의 묘 앞에서 눈물로 부르게 된 것입니다. 문학을 한다고 아버지와 진학 싸움까지 벌였던 윤동주는 죽은 뒤 비로소 아버지로부터 '시인'이라 인정받게 된 것입니다.

민족 시인으로 새롭게 태어나다

　윤동주가 죽고 나서 동생 윤일주는 형의 유품을 찾아 나섰습니다. 이때, 윤동주가 연희전문 시절 손으로 직접 쓰고 엮은 《하늘과 바람과 별과 시》를 정병욱으로부터 받을 수 있었습니다. 윤동주가 체포된 지 6개월 후 일본에 의해 강제로 전쟁터에 끌려가게 된 정병욱은 윤동주의 시집을 어머니에게 맡겼습니다. 정병욱의 어머니는 아들이 전쟁터에 끌려가면서 유언처럼 '동주도 저도 살아 돌아오지 못하면 독립이 된 후 시집을 동주의 가족에게 돌려주세요.' 라는 말에 윤동주의 시집을 아주 소중히 간직했습니다. 하지만 다행히도 정병욱이 살아 돌아와 직접 윤일주 손에 쥐어 주었지요.

《하늘과 바람과 별과 시》는 세 부가 만들어졌었지만 이양하 선생님이 가지고 있던 것도, 윤동주 본인이 가지고 있던 것도 모두 없어지고 오직 정병욱만이 무사히 보관하고 있었습니다.

강처중은 필사본에 들어가지 않은 나머지 시와 연희전문 졸업 사진, 책, 앉은뱅이 책상 등 윤동주가 연희전문 졸업 후 미처 일본으로 가져가지 못한 갖가지 물품들을 보관했습니다. 그리고 윤동주가 일본에 있을 때 주고받은 편지와 시들도 모두 보관하고 있었지요. 강처중도 이것을 윤일주에게 주었습니다.

윤일주에게 윤동주의 모든 원고가 모인 후, 경향신문에 다니던 강처중은 윤동주의 2주기를 앞둔 1947년 2월 13일 윤동주의 시를 신문을 통해 세상에 소개했습니다. 그것도 윤동주가 살아생전 가장 좋아했던 시인 정지용의 소갯글로 말예요. 민족 시인으로서 윤동주가 세상에 처음 알려지는 시간이었습니다.

그리고 1948년 2월 16일 3주기를 앞둔 1월 30일 31편의 시가 모여 시집 《하늘과 바람과 별과 시》가 정음사를 통해 세상에 나왔습니다.

시집의 서문을 쓴 정지용은 윤동주를 이렇게 소개했습니다.

청년 윤동주는 의지가 약하였을 것이다. 그렇기에 서정시에 우수한 것이겠고, 그러나 뼈가 강하였던 것이리라. 그렇기에 일적(日賊)에게 살을 내던지고 뼈를 차지한 것이 아니었던가?

무시무시한 고독에서 죽었구나! 29세가 되도록 시도 발표하여 본 적도 없이!

일제 시대에 날뛰던 부일문사놈들의 글이 다시 보아 침을 배알을 것뿐이나, 무명 윤동주가 부끄럽지 않고 슬프고 아름답기 한이 없는 시를 남기지 않았나?

시와 시인은 원래 이러한 것이다.

하늘을 우러러 한 점 부끄럼 없이 살기를 바라던 시인 윤동주는 이렇게 부끄럼 없는 한없이 슬프고도 아름다운 시를 통해 영원히 살아갈 것입니다.

열린 주제

죽음까지 함께 한 평생의 친구 송몽규

송몽규는 1917년 9월 28일 명동촌 조선어 교사이던 송창희와 윤동주의 큰 고모 윤신영 사이에서 태어났습니다. 어렸을 때 이름은 송한범이었습니다.

문학 공부를 좋아한 그는 중학생 때부터 이미 문해장서(文海藏書) 즉, '글의 바다'라는 호를 가지고 있었습니다. 중학교 3학년의 신분으로 신춘문예에 당선된 뒤 명희조 선생의 추천으로 낙양군관학교에 들어가 독립운동에 필요한 군사 훈련과 학업을 배웠습니다. 하지만 독립군의 경제적 어려움과 내부 갈등으로 인해 낙양군관학교를 나온 송몽규는 1936년 4월 일본 경찰에 체포되고 맙니다. 얼마 뒤 경찰에서 풀려났지만 그 뒤로 일본 경찰들의 감시 속에 살아야 했습니다.

1942년 4월 1일 일본의 경도제국대학에 들어가 사학과 서양사학을 전공한 송몽규는 1943년 7월 10일 독립운동 혐의로 특고 경찰에 체포됩니다. 2년의 형을 선고받고 복강형무소에서 생활하던 1945년 3월 7일 세상을 떠나고 말았습니다.

아버지 송창희는 꿈에 아들이 나타나 뼛조각 하나라도 일본 땅에 남기지 말아 달라고 부탁했다며, 시신을 화장하고 남은 뼈를 절구질할 때 바닥에 튄 것까지 모조리 쓸어 묻었습니다.

송몽규의 묘는 명동 장재촌에 있었으나 1990년 4월 5일 묘를 용정에 있는 윤동주 묘 근처로 이장했습니다. 송몽규의 묘비에는 '청년 문사 송몽규의 묘'라고 적혀 있습니다. 1995년 광복절에 대한민국 정부는 송몽규에게 건국 훈장인 '애국장'을 수여했습니다.

바람과 별을 노래한 민족 시인
윤동주

조선 학생들을 도운 일본인 고송효치

　고송효치는 윤동주가 입교대학 시절 예배를 전담하던 목사이자 교수입니다. 윤동주는 아는 사람 한 명 없는 입교대학에 입학해서 마음을 의지할 사람을 찾던 중 고송효치를 만나게 되었습니다.

　고송효치는 일본인이지만 독실한 기독교 신자였으며, 일본의 전쟁을 반대하던 인물이었습니다. 일본은 철저한 천황 중심 사회였기 때문에 기독교를 믿는 교수라 해도 천황을 따르는 군국주의자들의 눈치를 살펴야 했습니다. 특히 태평양 전쟁으로 인해 미국과 전쟁을 하던 일본은 더욱 기독교 학교를 탄압했습니다. 그래서 신사참배를 하고, 천황이 예수보다 위대하다고 말하는 기독교 교수들도 나타나는 상황이었지요. 그런 상황에서 고송효치는 조선 학생들을 따뜻하게 보살펴 주고 도와주었습니다.

　입교대학의 학생들을 상대로 입교에 온 것 중 가장 좋았던 점이 무어냐고 물으면 '고송 선생이라고 하는 훌륭한 인격과 만난 것이다.' 라고 대답하는 학생들도 있었습니다.

　1943년은 전쟁이 심해져 먹을 것이 부족한 시기였습니다. 그런데도 고송효치는 징병으로 인해 전쟁터에 가게 된 학생을 위해 아껴 두었던 쌀을 꺼내 아낌없이 대접했습니다. 그러다 정작 자신은 제대로 먹지 못해 영양실조와 병에 시달리다 죽고 말았습니다. 다른 사람을 사랑하라는 기독교의 교리를 온몸으로 실천한 분이었습니다.

열린 주제 105

인물 돋보기

시집 《하늘과 바람과 별과 시》

　윤동주가 생전에 시집으로 만들고자 했던 《하늘과 바람과 별과 시》는 19편으로 이루어져 있었습니다. 일제 시대에는 책을 많이 찍어 내기가 힘들었고, 작가들 또한 100부 한정, 200부 한정 등으로 조금씩만 찍어 희소성을 두던 때였습니다. 때문에 윤동주도 자신의 첫 시집을 77부 한정으로 출판하고자 했습니다. 하지만 검열 문제와 경제적 문제로 그 뜻이 이루어지지 못해서 살아서는 한 번도 출판된 시집을 가져 보지 못했습니다.

　윤동주의 시집이 처음 나온 것은 1948년 1월입니다. 정음사에서 처음 출판된 《하늘과 바람과 별과 시》에는 총 31편의 시가 실려 있었습니다. 그 뒤 윤동주 10주기 기념으로 다시 《하늘과 바람과 별과 시》가 출판됐는데, 이때는 처음에 실리지 못한 시와 산문을 합쳐 시 88편, 산문 5편이 묶여 나왔습니다. 이후로도 윤동주의 시집은 계속 출판되고 있습니다. 지금은 미완성 시와 미처 찾아내지 못했던 시들을 합쳐 100편이 넘는 시와 산문이 엮어져 나오고 있습니다.

　살아서는 한 번도 출판해보지 못한 윤동주의 시들이 계속 새롭게 세상과 만나고 있는 것입니다.

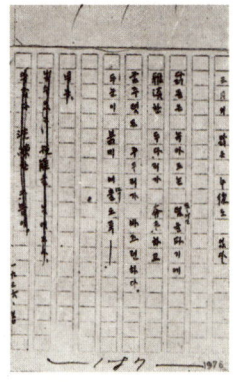

윤동주 친필 원고

바람과 별을 노래한 민족 시인
윤동주

윤동주의 장례식장에서 낭송된 〈자화상〉

산모퉁이를 돌아 논가 외딴 우물을 홀로 찾아가선
가만히 들여다봅니다.

우물 속에는 달이 밝고 구름이 흐르고 하늘이
펼치고 파아란 바람이 불고 가을이 있습니다.

그리고 한 사나이가 있습니다.
어쩐지 그 사나이가 미워져 돌아갑니다.

돌아가다 생각하니 그 사나이가 가엾어집니다.
도로 가 들여다보니 사나이는 그대로 있습니다.

다시 그 사나이가 미워져 돌아갑니다.
돌아가다 생각하니 그 사나이가 그리워집니다.

우물 속에는 달이 밝고 구름이 흐르고 하늘이
펼치고 파아란 바람이 불고 가을이 있고
추억처럼 사나이가 있습니다.

 윤동주는 나라 잃은 슬픔과 괴로움에 1년 3개월 동안 시를 쓰지 못한 적이 있습니다. 〈자화상〉은 이런 일이 있기 직전에 쓴 시입니다. 독립운동에 적극적으로 나서지 못하는 자신을 돌아보며 고뇌하는 마음이 담겨 있습니다.

연대표

윤동주의 생애	세계의 동향
1917 12월 30일 중화민국 길림성 화룡현 명동촌에서 아버지 윤영석과 어머니 김용 사이에서 맏아들로 태어남.	**1917** 11월 러시아 10월 혁명이 일어남. 소비에트 정권이 수립됨.
1925 4월 4일 명동소학교에 입학함.	**1929** 10월 뉴욕 주가가 대폭락함. 세계 대공황이 시작됨.
1931 4월 용정 은진중학교에 입학함. 은진중학교 입학부터 아명인 '해환' 대신 '동주'라는 이름을 사용함.	
	1933 3월 독일 의회가 히틀러의 독재를 승인함.
1934 현재 남아 있는 윤동주의 시 중에서 최초의 작품인 시 3편을 쓰고, 날짜를 표시하기 시작함.	
1935 숭실중학교에 3학년으로 전학감.	**1935** 10월 이탈리아가 에티오피아 침략을 시작함.

바람과 별을 노래한 민족 시인
윤동주

윤동주의 생애	세계의 동향
1936 3월 신사참배 강요에 대한 항의로 숭실중학교를 자퇴함. 용정 광명학원 4학년에 편입함.	*1936* 7월 스페인 내란이 시작됨.
	1937 7월 루거우차오 사건으로 중·일 전쟁이 발발함.
1938 4월 연희전문 문과에 입학함.	
1939 기숙사에서 나와 북아현동과 서소문 등에서 하숙함. 9월에 〈자화상〉 등의 시를 쓴 후 시를 쓰지 않음.	*1939* 9월 독일군이 폴란드를 침공하여 2차 세계 대전이 발발함.
1940 다시 기숙사로 돌아옴. 1939년 9월 이후 1년 3개월 동안 시를 쓰지 않다가 〈병원〉 외 2편의 시를 씀.	
1941 5월 정병욱과 기숙사를 나와 종로구 누상동의 소설가 김송 씨 집에서 하숙함. 9월 북아현동 하숙집으로 이사함. 졸업 기념으로 시집 《하늘과 바람과 별과 시》를 엮음.	*1941* 독일군이 북아프리카 전선에 진출함. 6월 독일과 소련이 전쟁을 시작함. 12월 일본군의 진주만 기습으로 태평양 전쟁이 발발함.

연대표 109

| 윤동주의 생애 | 세계의 동향 |

1942 1월 일본 유학을 위한 도항 증명서를 받기 위해 '히라누마 도우쥬우'라고 창씨함. 4월 동경 입교대학 문학부 영문과에 입학함. 10월 경도 동지사대학 영문학과에 전입학함.

1943 7월 14일 특고경찰에 검거됨.

1944 2월 윤동주와 송몽규가 기소됨. 3월 경도지방재판소 제2형사부에서 윤동주에게 징역 2년을 선고함. 복강형무소에 수감됨.

1942 1월 일본군이 마닐라를 점령함. 2월 일본군이 싱가포르를 함락함. 8월 스탈린그라드 공방전이 시작됨. 11월 영·미연합군이 북아프리카에 상륙함.

1943 9월 이탈리아가 무조건 항복함. 11월 일본의 무조건 항복을 촉진하고 한국을 자유 독립 국가로 할 결의가 담긴 카이로 선언이 발표됨.

바람과 별을 노래한 민족 시인
윤동주

윤동주의 생애	세계의 동향
1945 2월 16일 오전 3시 36분 복강형무소에서 운명함. 3월 6일 북간도 용정 동산의 중앙교회 묘지에 윤동주의 유해가 안장됨.	*1945* 8월 6일 미군이 일본 히로시마에 최초의 원자 폭탄을 투하함. 8월 15일 일본이 무조건 항복함.
1948 1월 31편의 시를 모은 《하늘과 바람과 별과 시》가 정음사에서 출간됨.	*1948* 이스라엘 공화국이 성립됨. 세계 인권 선언이 발표됨.
1985 일본의 윤동주 연구가인 조도전대학의 대촌익부 교수에 의해 북간도 용정에 있는 윤동주의 묘와 비석이 한국에 소개됨.	
	1988 모스크바에서 미·소회담이 열림.
1990 8월 광복절에 정부에서 건국 훈장 독립장을 윤동주에게 수여함.